SHOPIFY SIMPLIFIÉ

LE GUIDE ULTIME POUR LANCER VOTRE BOUTIQUE EN LIGNE

SHOPIFY SIMPLIFIÉ

LE GUIDE ULTIME POUR LANCER VOTRE BOUTIQUE EN LIGNE

1er édition

Sous la direction de savoir digital

© Savoir Digital
https://savoirdigital.fr

Qui suis-je

Salut, je suis Quentin Huaume, fondateur et directeur de Savoir Digital, une agence web basée à Rouen en Normandie. Je travaille dans le secteur du digital depuis de nombreuses années, aidant des entreprises à travers toute la France à développer leur présence en ligne et à prospérer dans le monde numérique.

Depuis le début de ma carrière, j'ai toujours été passionné par l'idée de donner aux entreprises les outils et les connaissances nécessaires pour réussir en ligne. C'est pourquoi j'ai créé Savoir Digital. Nous sommes plus qu'une simple agence web ; nous sommes un partenaire de confiance pour nos clients, les guidant à chaque étape de leur parcours numérique.

Ces dernières années, j'ai constaté une augmentation spectaculaire du nombre d'entreprises désireuses de se lancer dans le e-commerce, mais ne sachant pas par où commencer. C'est ce qui m'a poussé à écrire ce livre. J'ai voulu créer un guide complet et accessible pour aider les entrepreneurs à comprendre le monde du e-commerce et à réussir avec Shopify.

Que vous soyez le dirigeant d'une TPE/PME, un professionnel du marketing cherchant à digitaliser votre entreprise, ou tout simplement quelqu'un avec une idée et l'envie de créer une boutique en ligne, ce livre est pour vous. J'espère qu'il vous fournira les informations et les outils nécessaires pour réaliser vos ambitions de e-commerce.

Bonne lecture et bonne chance dans votre aventure numérique !

SOMMAIRE

1. Introduction au e-commerce
2. Présentation de Shopify
3. Création de votre boutique Shopify
4. Conception de votre boutique Shopify
5. Gestion des produits sur Shopify
6. Optimisation du référencement (SEO) pour votre boutique Shopify
7. Installation et utilisation des applications Shopify
8. Mise en place des processus de paiement et d'expédition

SOMMAIRE

9. Gestion des ventes et du service client

10. Marketing et publicité pour votre boutique Shopify

11. Analyse et optimisation de la performance de votre boutique

12. Cas d'étude : réussite avec Shopify

13. Perspectives d'avenir pour votre boutique Shopify

CHAPITRE 1

INTRODUCTION AU E-COMMERCE

LE GUIDE SHOPIFY

L'évolution du e-commerce

Bonjour à tous ! Bienvenue dans cette formidable aventure qu'est le e-commerce. Mettez votre ceinture, car nous allons nous engager sur une route qui traverse l'histoire et le futur du commerce.

L'émergence du e-commerce s'est faite discrètement au tournant du nouveau millénaire. À cette époque, le concept d'acheter et de vendre des produits en ligne était encore très nouveau et même considéré avec scepticisme. Aujourd'hui, cependant, nous sommes à une époque où le e-commerce est une part intégrante de notre vie quotidienne.

Il y a à peine vingt ans, l'achat en ligne était une curiosité, une expérience nouvelle et passionnante. C'était une époque où les connexions Internet à domicile étaient encore lentes, et l'idée de partager des informations de carte de crédit en ligne faisait peur à beaucoup. Pourtant, les pionniers du e-commerce, comme Amazon et eBay, ont vu le potentiel et ont travaillé sans relâche pour créer ce qui est maintenant une industrie de plusieurs milliards de dollars.

Depuis, le e-commerce a évolué à une vitesse fulgurante. Aujourd'hui, nous vivons dans un monde où presque tout peut être acheté en ligne et livré à notre porte. Des vêtements aux appareils électroniques, en passant par la nourriture et même les voitures, le e-commerce a révolutionné la façon dont nous faisons nos achats. Il a également ouvert de nouvelles opportunités pour les entrepreneurs et les petites entreprises, leur permettant d'accéder à un marché mondial qui était auparavant hors de portée.

Pourquoi choisir le e-commerce ?

La question est vraiment : pourquoi ne pas choisir le e-commerce ? Le e-commerce offre une multitude d'avantages par rapport au commerce traditionnel. Les barrières à l'entrée sont considérablement plus basses, les opportunités de croissance sont infinies et la flexibilité est inégalée. Regardons ces avantages plus en détail.

1. Pas de frontières : L'un des plus grands avantages du e-commerce est sa portée mondiale. Contrairement à un magasin physique qui est limité par sa localisation géographique, une boutique en ligne est accessible à quiconque dispose d'une connexion Internet. Cela signifie que vous pouvez vendre vos produits à des clients du monde entier, sans aucune restriction. Que vous soyez une entreprise locale cherchant à atteindre un public plus large ou une entreprise internationale cherchant à pénétrer de nouveaux marchés, le e-commerce vous offre une portée et une flexibilité inégalées.

2. Ouvert 24/7 : Votre boutique en ligne ne dort jamais. Elle est toujours ouverte, prête à accueillir les clients et à effectuer des ventes. Cela offre une commodité incroyable pour vos clients, leur permettant de faire leurs achats à tout moment, qu'il s'agisse de l'heure du déjeuner, de la fin de la soirée ou de l'aube. De plus, cela signifie que votre entreprise peut générer des revenus 24 heures sur 24, sept jours sur sept.

3. Coûts réduits : La gestion d'une boutique en ligne coûte généralement beaucoup moins cher que la gestion d'un magasin physique. Il n'y a pas de loyer ou de charges à payer, pas de personnel à employer et à gérer, et pas de frais d'exploitation physiques tels que l'électricité ou le chauffage. Bien sûr, il y a des coûts associés à la gestion d'une boutique en ligne, comme les frais d'hébergement du site web, les frais de paiement en ligne et les coûts de livraison. Cependant, ces coûts sont généralement beaucoup plus bas que ceux d'un magasin physique.

4. Personnalisation : Le e-commerce vous donne la possibilité de personnaliser l'expérience de vos clients comme jamais auparavant. Grâce aux données recueillies en ligne, vous pouvez comprendre les préférences et le comportement de vos clients, puis utiliser ces informations pour personnaliser leur expérience. Que ce soit en leur montrant des produits basés sur leurs habitudes d'achat précédentes, en leur proposant des offres spéciales basées sur leur comportement de navigation, ou en leur envoyant des messages personnalisés, le e-commerce vous permet d'adapter votre offre à chaque client individuel.

5. Mesure de la performance : Enfin, le e-commerce vous donne accès à une mine d'informations sur la performance de votre boutique. Grâce à des outils tels que Google Analytics (nous en reparlerons plus tard dans ce livre), vous pouvez suivre et analyser une multitude de métriques, y compris le nombre de visiteurs de votre site, le taux de conversion, le panier moyen, le taux de rebond, et bien plus encore. Ces informations sont extrêmement précieuses pour comprendre ce qui fonctionne et ce qui ne fonctionne pas dans votre boutique, et pour prendre des décisions éclairées pour améliorer votre performance.

Les différentes plateformes de e-commerce : une vue d'ensemble

Maintenant que nous avons exploré les raisons pour lesquelles le e-commerce est une excellente idée, il est temps de se plonger dans le cœur du sujet : les différentes plateformes de e-commerce. Avoir une plateforme fiable et facile à utiliser est crucial pour la réussite de votre boutique en ligne. Pour cela, nous avons plusieurs options.

1. Shopify : C'est notre héros et le protagoniste de ce livre. Shopify est une plateforme de commerce électronique basée sur le cloud qui vous permet de créer et de personnaliser une boutique en ligne, de gérer les produits, le stock et les commandes, et d'intégrer des passerelles de paiement sécurisées. Il est reconnu pour sa facilité d'utilisation, sa flexibilité et sa gamme complète de fonctionnalités.

2. WooCommerce : Si vous avez un site WordPress ou que vous êtes à l'aise avec cette plateforme, WooCommerce peut être un excellent choix. Il s'agit d'un plugin de commerce électronique pour WordPress qui vous permet de transformer votre site en une boutique en ligne entièrement fonctionnelle.

3. Magento : Magento est une autre option populaire, particulièrement appréciée des grandes entreprises en raison de sa flexibilité et de ses puissantes fonctionnalités. Cependant, il faut noter que Magento peut être plus difficile à gérer pour les novices et peut nécessiter l'aide d'un développeur.

4. PrestaShop : PrestaShop est une plateforme de commerce électronique open source qui offre une grande flexibilité et de nombreuses fonctionnalités. Comme Magento, elle peut nécessiter un certain niveau de compétence technique pour être utilisée au maximum de son potentiel.

5. BigCommerce : BigCommerce est un autre concurrent de taille dans le monde du commerce électronique. Il offre une plateforme robuste avec une multitude de fonctionnalités, y compris la gestion des produits, l'optimisation des moteurs de recherche, et une variété d'options de personnalisation.

6. Wix E-commerce : Si vous cherchez une solution plus simple et plus conviviale, Wix E-commerce pourrait être un bon choix. Il offre une interface glisser-déposer facile à utiliser, ainsi que des fonctionnalités de base pour la gestion de votre boutique.

Toutes ces plateformes ont leurs propres avantages et inconvénients, et le choix de la meilleure dépendra de vos besoins spécifiques, de votre budget et de votre niveau de confort avec la technologie.

Toutefois, pour les fins de ce livre, nous allons nous concentrer sur Shopify, qui est largement considéré comme l'un des meilleurs choix pour la plupart des entreprises de e-commerce, surtout si vous débutez ou si vous voulez une solution qui offre une excellente balance entre facilité d'utilisation, flexibilité et coût.

Avec tout cela en tête, on peut dire que nous avons maintenant une meilleure compréhension de ce qu'est le e-commerce et pourquoi il est si attrayant pour les entrepreneurs et les entreprises. Dans les chapitres suivants, nous allons plonger dans le monde de Shopify et explorer comment vous pouvez l'utiliser pour créer votre propre boutique en ligne réussie.

CHAPITRE 2

PRÉSENTATION DE SHOPIFY

LE GUIDE SHOPIFY

Qu'est-ce que Shopify ?

Au cœur de notre aventure dans le monde du e-commerce se trouve Shopify, une plateforme de commerce électronique basée sur le cloud conçue pour faciliter le commerce pour tout le monde - partout. Fondée en 2006 par Tobias Lütke, Daniel Weinand et Scott Lake, Shopify est née de la nécessité de ses fondateurs de vendre leurs snowboards en ligne. Ne trouvant pas de solution qui répond à leurs attentes, ils ont décidé de créer la leur.

Depuis lors, Shopify a parcouru un long chemin et est devenue l'une des plateformes de commerce électronique les plus populaires et les plus fiables au monde. Elle héberge plus d'un million de commerçants, allant de petites entreprises en démarrage à des marques de renommée mondiale comme Gymshark, Heinz et Penguin Books.

Avec Shopify, vous pouvez vendre des produits physiques et numériques, des services et même des expériences. Vous pouvez vendre en ligne via votre boutique en ligne, en personne avec Shopify POS, sur les réseaux sociaux, les marketplaces et bien d'autres encore. Le monde est vraiment votre huître avec Shopify.

Avantages et inconvénients de Shopify

Comme tout outil, Shopify a ses forces et ses faiblesses. Pour avoir une image complète, il est important de comprendre à la fois les avantages et les inconvénients avant de s'engager pleinement. Commençons par les avantages de l'utilisation de Shopify :

Avantages de Shopify

1. Facilité de mise en place : Vous n'avez pas besoin d'être un technicien pour configurer une boutique Shopify. Avec son interface glisser-déposer et une configuration simple, vous pouvez avoir une boutique en ligne fonctionnelle en peu de temps. De plus, Shopify s'occupe de l'hébergement et de la maintenance du site, vous n'avez donc pas à vous soucier des problèmes techniques.

2. Sécurité : La sécurité est primordiale dans le commerce électronique, et Shopify excelle dans ce domaine. La plateforme est conforme à la norme PCI DSS Level 1, assurant que toutes les transactions sont sécurisées. De plus, toutes les boutiques Shopify sont automatiquement équipées d'un certificat SSL, assurant une connexion sécurisée pour vos clients.

3. Thèmes et personnalisation : Shopify propose une large gamme de thèmes professionnels, tant gratuits que payants. Vous pouvez choisir un thème qui correspond à votre marque et le personnaliser selon vos besoins. Si vous avez des compétences en codage, vous pouvez également accéder au code source de votre boutique pour apporter des modifications plus profondes.

4. Soutien à la clientèle : Avec un soutien 24/7, Shopify est toujours prêt à vous aider si vous rencontrez des problèmes ou avez des questions. Vous pouvez contacter le support client via le chat en direct, l'e-mail, ou le téléphone.

5. Shopify App Store : Avec des milliers d'applications disponibles, vous pouvez ajouter de nombreuses fonctionnalités à votre boutique. Que vous ayez besoin d'outils de marketing, de gestion de l'inventaire, de service client, ou de SEO, vous trouverez probablement une application qui répond à vos besoins.

6. Intégrations : Shopify s'intègre à une multitude de services tiers, ce qui permet une plus grande flexibilité. Que ce soit pour le marketing par courrier électronique, le suivi des expéditions, la comptabilité ou même le dropshipping, vous trouverez des intégrations utiles qui peuvent simplifier vos processus d'affaires.

7. Écosystème global : Shopify est plus qu'une simple plateforme e-commerce. C'est un écosystème complet avec des ressources, des guides, des communautés et même des conférences telles que Shopify Unite. Cela signifie que vous avez un accès facile à une mine d'informations et de soutien pour aider à la croissance de votre entreprise.

Inconvénients de Shopify

Cependant, Shopify a aussi quelques inconvénients que vous devriez connaître :

1. Frais d'abonnement : Shopify n'est pas gratuit. Il y a un coût mensuel à payer pour utiliser la plateforme, qui commence à 36 $ par mois pour le plan de base. Il y a aussi des frais de transaction si vous utilisez un processeur de paiement autre que Shopify Payments.

2. Coût des applications : Bien que la boutique d'applications Shopify propose de nombreuses applications gratuites, certaines des meilleures applications nécessitent un abonnement payant. Ces frais peuvent s'additionner rapidement, surtout si vous avez besoin de plusieurs applications.

3. Personnalisation limitée avec les thèmes : Bien que Shopify offre une certaine personnalisation, vous êtes limité par ce que le thème permet. Pour des modifications plus avancées, vous aurez besoin de compétences en codage ou devrez embaucher un développeur.

4. SEO pourrait être meilleur : Bien que Shopify offre des outils SEO de base, il y a des limites. Par exemple, vous ne pouvez pas personnaliser entièrement les structures d'URL, ce qui peut ne pas être idéal pour le SEO.

5. Pas aussi flexible : Bien que Shopify soit fantastique pour ceux qui veulent une solution simple et rapide pour lancer leur boutique e-commerce, il n'est pas aussi flexible que d'autres plateformes. Par exemple, si vous avez des besoins spécifiques en matière de personnalisation ou si vous prévoyez de gérer un grand catalogue de produits avec des exigences complexes, vous pourriez trouver Shopify un peu limité.

6. Les frais de transaction : Comme mentionné précédemment, Shopify facture des frais de transaction si vous choisissez d'utiliser un fournisseur de paiement tiers plutôt que Shopify Payments. Bien que ces frais soient courants dans l'industrie du e-commerce, ils peuvent s'additionner et gruger votre marge de profit si vous générez un volume de vente important.

7. La complexité de certaines fonctionnalités :
Bien que Shopify soit relativement facile à utiliser, certaines fonctionnalités peuvent être un peu déroutantes pour les novices. Par exemple, la configuration des options d'expédition et des taxes peut être un peu complexe, et vous pourriez avoir besoin d'un peu d'aide pour le configurer correctement.

En fin de compte, Shopify est une plateforme de commerce électronique robuste et facile à utiliser. Elle a ses limites, mais les avantages l'emportent généralement sur les inconvénients pour la plupart des entreprises. Comme pour tout, il est important de comprendre vos besoins spécifiques et de faire vos recherches avant de vous engager.

Dans l'ensemble, malgré ces inconvénients, Shopify demeure une excellente option pour les entreprises de toutes tailles qui cherchent à se lancer dans le e-commerce. Sa facilité d'utilisation, sa sécurité robuste et sa vaste gamme de fonctionnalités en font un choix populaire.

Dans le prochain chapitre, nous passerons en revue les étapes nécessaires pour configurer votre boutique Shopify, y compris l'inscription et la configuration de votre compte, la configuration des paramètres généraux tels que les modes de paiement, les options d'expédition et les taxes. Alors, restez à l'écoute, car nous allons vous guider pas à pas dans le processus de création de votre propre boutique e-commerce avec Shopify.

CHAPITRE 3

CRÉATION DE VOTRE BOUTIQUE SHOPIFY

LE GUIDE SHOPIFY

La création d'une boutique Shopify est un processus relativement simple et direct. Cependant, il est crucial de le faire correctement pour assurer le bon fonctionnement de votre boutique et pour éviter tout problème potentiel plus tard. Dans ce chapitre, nous passerons en revue les étapes essentielles pour la mise en place d'une boutique Shopify, à partir de l'inscription jusqu'à la configuration des paramètres généraux.

Inscription et configuration de votre compte Shopify

Étape 1: Inscription

Pour commencer, rendez-vous sur le site web de Shopify https://www.shopify.com/ et cliquez sur le bouton "Commencer un essai gratuit". Vous devrez fournir une adresse e-mail, un mot de passe et le nom de votre boutique. Une chose importante à noter ici est que le nom de votre boutique doit être unique, sinon Shopify vous demandera de choisir un autre nom.

Étape 2: Renseigner quelques informations sur vous-même

Après avoir créé votre compte, Shopify vous demandera quelques informations supplémentaires, y compris votre nom, votre adresse et votre numéro de téléphone. Ces informations sont nécessaires pour configurer les devises et les taux de taxe par défaut.

Étape 3: Configuration de votre boutique

Une fois que vous avez rempli vos informations personnelles, vous serez dirigé vers le tableau de bord administrateur de Shopify. C'est ici que vous pouvez commencer à configurer votre boutique en ligne.

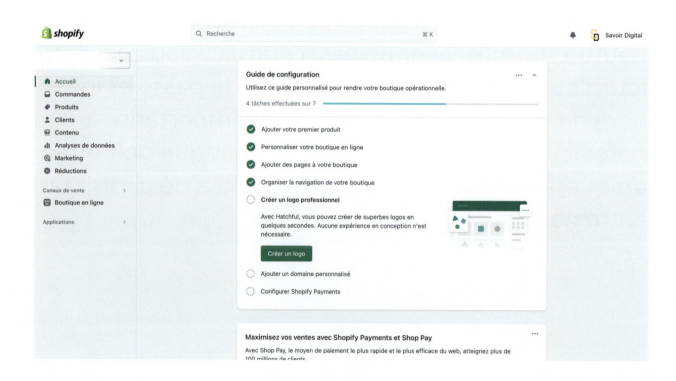

Configuration des paramètres généraux

Avant de commencer à vendre des produits, vous devrez configurer quelques paramètres généraux. Voici les principaux paramètres que vous devrez configurer :

Paramètres de paiement

Shopify prend en charge une variété de passerelles de paiement, y compris Shopify Payments, qui est leur propre passerelle de paiement. Pour configurer vos paramètres de paiement, allez dans "Paramètres" -> "Paiements" dans votre tableau de bord administrateur de Shopify. Ici, vous pouvez choisir votre passerelle de paiement, saisir les informations de votre compte et choisir si vous voulez accepter les cartes de crédit, PayPal, et d'autres méthodes de paiement.

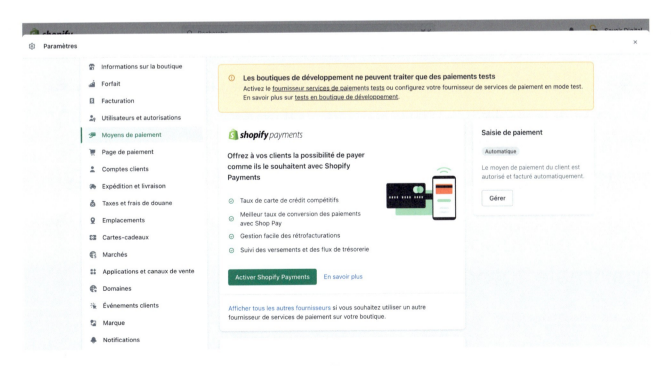

Paramètres d'expédition

La configuration de vos options d'expédition est également un aspect crucial de la configuration de votre boutique. Vous pouvez configurer des taux d'expédition forfaitaires, des taux calculés en fonction du poids, ou des taux en fonction du prix de la commande. Vous pouvez également définir des zones d'expédition spécifiques et choisir les services de livraison que vous souhaitez utiliser.

Paramètres de la boutique

C'est ici que vous configurez les informations de base de votre boutique, comme le nom, l'adresse, la devise et la langue. Veillez à remplir ces informations correctement car elles seront utilisées dans diverses parties de votre boutique, y compris les factures, les notifications par e-mail et les pages de la boutique.

Paramètres des fichiers

Ces paramètres contrôlent les types de fichiers que vous pouvez télécharger sur votre boutique Shopify et la taille maximale de ces fichiers. Par exemple, si vous prévoyez de vendre des produits numériques, vous devrez vous assurer que vos fichiers sont dans un format supporté et ne dépassent pas la taille maximale autorisée.

Paramètres de la caisse

La page de la caisse est l'endroit où vos clients termineront leur achat. Vous pouvez personnaliser cette page pour qu'elle corresponde à votre marque et vous pouvez choisir les informations que vous souhaitez recueillir auprès de vos clients, comme leur numéro de téléphone ou leur adresse e-mail.

Paramètres des comptes clients

Ici, vous pouvez choisir si vous voulez que vos clients créent un compte pour faire des achats, ou s'ils peuvent passer en tant qu'invité. Vous pouvez également configurer des paramètres pour les comptes clients, tels que la réinitialisation du mot de passe et les notifications par e-mail.

Paramètres de la facturation

C'est ici que vous configurez vos informations de facturation pour Shopify. Vous devrez fournir une méthode de paiement pour les frais de Shopify, qui peuvent inclure votre abonnement mensuel, ainsi que les frais de transaction si vous utilisez une passerelle de paiement autre que Shopify Payments. Une fois que vous avez configuré ces paramètres de base, votre boutique Shopify sera prête à être peaufinée et personnalisée.

Configuration de votre nom de domaine

L'étape suivante de la configuration de votre boutique Shopify est l'ajout d'un nom de domaine. Par défaut, votre boutique Shopify sera accessible via une URL de type "nomdelaboutique.myshopify.com". C'est bien pour commencer, mais pour donner à votre boutique un aspect plus professionnel et pour renforcer la marque, vous voudrez probablement utiliser un nom de domaine personnalisé.

Étape 1 : Acheter un nom de domaine

Vous pouvez acheter un nom de domaine directement auprès de Shopify ou auprès d'un registraire de domaines tiers comme GoDaddy, Ionos, OVH… Si vous achetez votre nom de domaine auprès de Shopify, le processus d'ajout à votre boutique sera un peu plus simple. Cependant, vous pourrez peut-être trouver plus d'options et de meilleurs prix auprès d'un registraire de domaines tiers.

Étape 2 : Ajouter votre nom de domaine à Shopify

Une fois que vous avez acheté un nom de domaine, vous devrez l'ajouter à Shopify. Si vous avez acheté votre nom de domaine auprès de Shopify, il sera automatiquement ajouté à votre boutique. Si vous avez acheté votre nom de domaine auprès d'un registraire tiers, vous devrez modifier les enregistrements DNS de votre domaine pour qu'il pointe vers Shopify.

Étape 3 : Configurer votre nom de domaine principal

Après avoir ajouté votre nom de domaine à Shopify, vous devrez le configurer comme votre nom de domaine principal. Cela signifie que lorsque quelqu'un saisit votre URL, il sera redirigé vers ce nom de domaine. Vous pouvez également choisir si vous voulez que votre domaine utilise ou non le "www" au début.

Maintenant que vous avez configuré votre nom de domaine, vous êtes prêt à commencer à ajouter des produits à votre boutique Shopify! Mais avant de le faire, il est essentiel de prendre du temps pour concevoir votre boutique et la rendre attrayante pour les clients potentiels. Nous couvrirons ce sujet en profondeur dans le chapitre suivant.

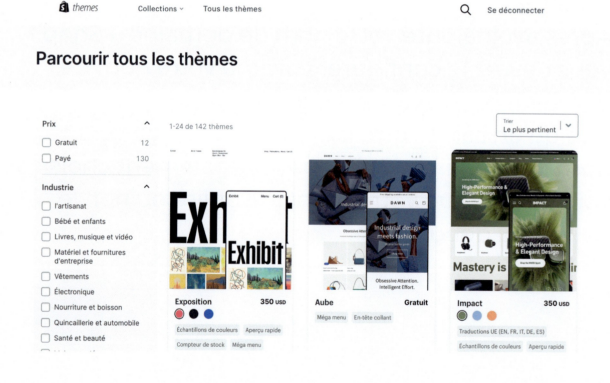

CHAPITRE 4

CONCEPTION DE VOTRE BOUTIQUE SHOPIFY

LE GUIDE SHOPIFY

Une fois que vous avez configuré les paramètres de base de votre boutique Shopify, l'étape suivante est de commencer à concevoir la présentation de votre boutique. Cette étape est cruciale car elle peut avoir un impact significatif sur l'expérience de vos clients et, en fin de compte, sur vos ventes. Dans ce chapitre, nous allons discuter de la manière de choisir un thème pour votre boutique, de personnaliser l'apparence de votre boutique et d'utiliser l'éditeur de thèmes de Shopify.

Choix du thème

Un thème est un modèle de design prédéfini qui détermine l'apparence de votre boutique en ligne. Shopify propose une variété de thèmes gratuits et payants que vous pouvez utiliser pour votre boutique. Voici quelques conseils pour choisir un thème :

Réfléchissez à votre public cible :
Votre thème doit refléter l'image de marque de votre entreprise et plaire à votre public cible. Par exemple, si vous vendez des produits de luxe, vous pourriez vouloir un thème qui donne à votre boutique une apparence élégante et sophistiquée.

Pensez à la fonctionnalité :
Assurez-vous de choisir un thème qui prend en charge toutes les fonctionnalités dont vous avez besoin pour votre boutique. Par exemple, si vous prévoyez de vendre un grand nombre de produits, vous voudrez peut-être choisir un thème qui prend en charge les collections de produits et les filtres de recherche.

Explorez les options :
Prenez le temps de parcourir les thèmes disponibles et de prévisualiser chacun d'eux avec vos propres produits et branding pour voir comment ils fonctionnent pour votre boutique.

Personnalisation de l'apparence de votre boutique

Une fois que vous avez choisi un thème, l'étape suivante est de commencer à personnaliser l'apparence de votre boutique. Voici quelques éléments que vous voudrez probablement personnaliser :

Logo :
Votre logo est un élément clé de votre image de marque. Assurez-vous de télécharger un logo de haute qualité qui correspond bien à votre thème.

Couleurs et typographie :
La plupart des thèmes vous permettent de personnaliser les couleurs et la typographie utilisées dans votre boutique. Essayez de choisir des couleurs et des polices qui reflètent votre marque et qui sont faciles à lire.

Images :
Les images de votre boutique, y compris les images de vos produits et les images d'arrière-plan, peuvent avoir un impact significatif sur l'apparence de votre boutique. Assurez-vous d'utiliser des images de haute qualité qui reflètent bien vos produits et votre marque.

Page d'accueil :
La page d'accueil est la première page que voient vos visiteurs lorsqu'ils arrivent sur votre site. Assurez-vous qu'elle est attrayante, qu'elle reflète bien votre marque et qu'elle dirige les visiteurs vers les produits ou les informations qu'ils recherchent.

Navigation :

La navigation de votre site doit être intuitive et facile à comprendre. Assurez-vous d'inclure des liens vers toutes les pages importantes de votre site, comme vos collections de produits, votre page "À propos", et votre page de contact.

Footer :

Le pied de page de votre site est un autre endroit où vous pouvez inclure des liens importants, ainsi que des informations supplémentaires comme votre politique de confidentialité, vos conditions de service, et vos coordonnées.

Utilisation de l'éditeur de thèmes Shopify

Une fois que vous avez une idée de la façon dont vous voulez que votre boutique soit présentée, vous pouvez commencer à utiliser l'éditeur de thèmes Shopify pour personnaliser votre boutique. Voici quelques conseils pour utiliser l'éditeur de thèmes :

Familiarisez-vous avec l'interface :

L'éditeur de thèmes comprend une barre d'outils en haut, une prévisualisation de votre site au centre, et un panneau de configuration à droite. Prenez le temps de vous familiariser avec ces éléments avant de commencer à faire des modifications.

Commencez par les paramètres globaux :

Dans le panneau de configuration, vous trouverez une section pour les paramètres "globaux". Ces paramètres affectent l'ensemble de votre site, donc c'est un bon endroit pour commencer. Vous pouvez y régler des choses comme les couleurs, la typographie, et les paramètres sociaux.

Utilisez les sections pour personnaliser les pages :

En plus des paramètres globaux, vous pouvez également utiliser des "sections" pour personnaliser l'apparence de pages spécifiques de votre site. Par exemple, vous pouvez ajouter une section de diaporama à votre page d'accueil, ou une section de produits en vedette à une page de collection.

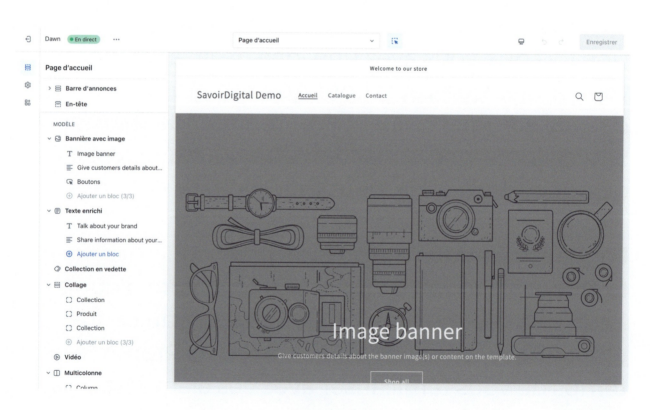

Prévisualisez vos modifications :

N'oubliez pas d'utiliser la prévisualisation pour voir à quoi ressembleront vos modifications avant de les publier. Vous pouvez également utiliser l'option "Prévisualiser sur le mobile" pour voir à quoi ressemblera votre site sur les appareils mobiles.

En résumé, la conception de votre boutique Shopify est une étape importante du processus de mise en place de votre e-commerce.

En prenant le temps de choisir un thème approprié et de personnaliser soigneusement l'apparence de votre boutique, vous pouvez créer une expérience de shopping attrayante et conviviale pour vos clients.

Dans le prochain chapitre, nous discuterons de la façon dont vous pouvez ajouter et gérer les produits dans votre boutique Shopify.

CHAPITRE 5

GESTION DES PRODUITS SUR SHOPIFY

LE GUIDE SHOPIFY

Maintenant que vous avez une boutique bien conçue, il est temps de remplir vos étagères virtuelles avec des produits ! Dans ce chapitre, nous couvrirons comment ajouter des produits à votre boutique, comment les organiser en collections, et comment gérer vos stocks sur Shopify.

Ajout de produits

La première étape pour ajouter des produits à votre boutique est de naviguer vers la page "Produits" dans votre tableau de bord Shopify. De là, vous pouvez cliquer sur "Ajouter un produit" pour commencer à ajouter les détails de votre produit.

Détails du produit :

C'est ici que vous entrez les informations de base sur votre produit, comme son titre, sa description, son prix, et ses variantes (comme différentes tailles ou couleurs). Soyez aussi descriptif que possible dans votre description de produit pour aider vos clients à comprendre ce qu'ils achètent.

Images du produit :

Les images de haute qualité sont essentielles pour vendre des produits en ligne. Vous pouvez ajouter plusieurs images pour chaque produit, et nous vous recommandons de montrer votre produit sous plusieurs angles et dans différents contextes d'utilisation.

SEO :
N'oubliez pas de remplir les détails SEO pour chaque produit. Cela comprend un titre SEO (qui apparaît dans les résultats de recherche Google) et une meta description SEO (qui décrit le produit pour les moteurs de recherche).

Organisation des produits en collections

Une fois que vous avez ajouté quelques produits à votre boutique, vous voudrez probablement les organiser en collections pour aider vos clients à naviguer.

Par exemple, si vous vendez des vêtements, vous pouvez avoir des collections pour "Hommes", "Femmes", et "Enfants", ou pour "T-shirts", "Pantalons", et "Accessoires".

Pour créer une collection, naviguez vers la page "Collections" dans votre tableau de bord Shopify et cliquez sur "Créer une collection". Vous pouvez ajouter des produits à une collection manuellement, ou vous pouvez configurer des conditions pour qu'une collection soit automatiquement mise à jour avec les produits correspondants.

Gestion des stocks

La gestion des stocks est une partie importante de la gestion de votre boutique en ligne, et Shopify offre plusieurs outils pour vous aider à le faire. Lorsque vous ajoutez ou modifiez un produit, vous pouvez entrer la quantité de stock que vous avez pour ce produit. Si vous vendez une variante de produit (comme une taille ou une couleur spécifique), vous pouvez définir des quantités de stock pour chaque variante.

Vous pouvez également activer les notifications de stock pour être averti lorsque le stock d'un produit est faible, et vous pouvez utiliser les rapports d'inventaire de Shopify pour suivre vos niveaux de stock au fil du temps.

En résumé, la gestion efficace de vos produits et de vos stocks est une étape cruciale pour le succès de votre boutique en ligne. En prenant le temps d'ajouter des produits de manière détaillée, d'organiser vos produits en collections faciles à naviguer, et de gérer attentivement vos stocks, vous pouvez créer une expérience de shopping positive pour vos clients et maximiser vos ventes.

CHAPITRE 6

OPTIMISATION DU RÉFÉRENCEMENT (SEO) POUR VOTRE BOUTIQUE SHOPIFY

LE GUIDE SHOPIFY

Le SEO, ou Search Engine Optimization, est une partie cruciale de la gestion de n'importe quel site web, et votre boutique Shopify ne fait pas exception. Optimiser votre SEO peut aider votre boutique à apparaître plus haut dans les résultats de recherche, ce qui peut conduire à une plus grande visibilité et plus de ventes. Dans ce chapitre, nous allons passer en revue certaines des meilleures pratiques de base du SEO que vous pouvez appliquer à votre boutique Shopify.

Introduction au SEO

SEO est l'art de rendre votre site plus attrayant pour les moteurs de recherche. Il existe de nombreux facteurs qui entrent en jeu dans le SEO, mais l'objectif principal est de rendre votre site facile à comprendre et à indexer pour les moteurs de recherche, tout en étant utile et attrayant pour les utilisateurs réels.

Pratiques de base du SEO pour votre boutique Shopify

Voici quelques-unes des pratiques de base du SEO que vous devriez mettre en œuvre sur votre boutique Shopify :

Balises de titre et méta descriptions :
Chaque page de votre site devrait avoir une balise de titre unique et une méta description qui décrit précisément le contenu de la page.
Sur Shopify, vous pouvez définir ces informations dans les paramètres SEO pour chaque page de produit, collection, et blog.

URLs :
Les URLs de vos pages doivent être claires et descriptives. Par défaut, Shopify crée des URLs basées sur le titre de la page, mais vous pouvez les modifier si nécessaire pour les rendre plus descriptives.

🔒 savoirdigital-demo.myshopify.com/pages/contact

🔒 savoirdigital.fr/agence-web-savoir-digital

Contenu de qualité :

Fournir un contenu de qualité est une des meilleures choses que vous pouvez faire pour votre SEO. Cela signifie que vos descriptions de produits doivent être informatives et utiles, et que votre blog (si vous en avez un) devrait fournir des informations précieuses pour vos clients.

Liens internes :

Les liens internes sont des liens qui pointent vers d'autres pages de votre propre site. Ils aident les moteurs de recherche à comprendre la structure de votre site et à indexer toutes vos pages. Vous pouvez ajouter des liens internes dans vos descriptions de produits, vos articles de blog, et vos menus de navigation.

Vitesse du site :

La vitesse de votre site est un facteur important pour le SEO, car les sites plus rapides sont généralement favorisés par les moteurs de recherche. Shopify optimise automatiquement la vitesse de votre site dans une certaine mesure, mais vous pouvez également améliorer la vitesse de votre site en utilisant des images optimisées, en minimisant l'utilisation d'applications tierces, et en évitant les thèmes trop lourds.

Utilisation d'outils SEO

Il existe de nombreux outils SEO disponibles qui peuvent vous aider à améliorer votre SEO.
Voici quelques exemples :

Google Search Console :
Cet outil gratuit de Google vous permet de surveiller comment Google indexe votre site, de soumettre des sitemaps, et de résoudre les problèmes de SEO potentiels.

Applications Shopify SEO :
Il existe de nombreuses applications Shopify qui peuvent vous aider à améliorer votre SEO, en fournissant des audits SEO, en vous aidant à optimiser vos balises de titre et méta descriptions, et en améliorant la structure de votre site.`

En résumé, le SEO est une partie importante de la gestion de votre boutique Shopify.

En prenant le temps d'optimiser votre SEO, vous pouvez améliorer la visibilité de votre boutique, attirer plus de visiteurs, et augmenter vos ventes.

CHAPITRE 7

INSTALLATION ET UTILISATION DES APPLICATIONS SHOPIFY

LE GUIDE SHOPIFY

Eh bien, nous voilà maintenant dans le monde fascinant des applications Shopify. Vous pensez peut-être : "Des applications ? Pour mon site e-commerce ? Mais je viens tout juste de comprendre comment configurer mes produits et optimiser mon SEO !" Pas de panique, les applications Shopify sont là pour vous simplifier la vie, pas pour la compliquer. En fait, elles sont un peu comme les super-pouvoirs de votre boutique en ligne.

Présentation des applications Shopify

Les applications Shopify sont des outils créés par des développeurs tiers pour ajouter des fonctionnalités supplémentaires à votre boutique Shopify. Il existe des milliers d'applications disponibles, qui couvrent toutes sortes de besoins, de la gestion des stocks à l'optimisation du référencement, en passant par le marketing par e-mail et les programmes de fidélité. Le grand avantage des applications Shopify, c'est qu'elles vous permettent d'ajouter ces fonctionnalités à votre boutique sans avoir à toucher une seule ligne de code. C'est comme si vous aviez une armée de développeurs à votre disposition, prêts à ajouter n'importe quelle fonctionnalité dont vous pourriez avoir besoin à votre site.

Comment choisir et installer les bonnes applications pour votre boutique

Avec autant d'applications disponibles, comment choisir celle qui convient le mieux à votre boutique ? Voici quelques conseils pour vous aider à faire le bon choix :

Identifiez vos besoins :

Avant de commencer à chercher des applications, réfléchissez à ce dont votre boutique a besoin. Vous cherchez à augmenter vos conversions ? Alors, vous pourriez avoir besoin d'une application de marketing par e-mail. Vous avez du mal à gérer vos stocks ? Une application de gestion des stocks pourrait être la solution.

Lisez les avis :

Les avis des autres utilisateurs peuvent être une mine d'informations sur la qualité et l'utilité d'une application. Prenez le temps de lire ces avis avant de décider d'installer une application.

Testez avant d'acheter :

Beaucoup d'applications Shopify offrent une période d'essai gratuite. Profitez-en pour tester l'application et voir si elle répond à vos besoins avant de vous engager.

Installer une application Shopify est généralement aussi simple que de cliquer sur un bouton. Une fois que vous avez trouvé une application qui vous plaît, il suffit de cliquer sur "Ajouter une application" et de suivre les instructions à l'écran.

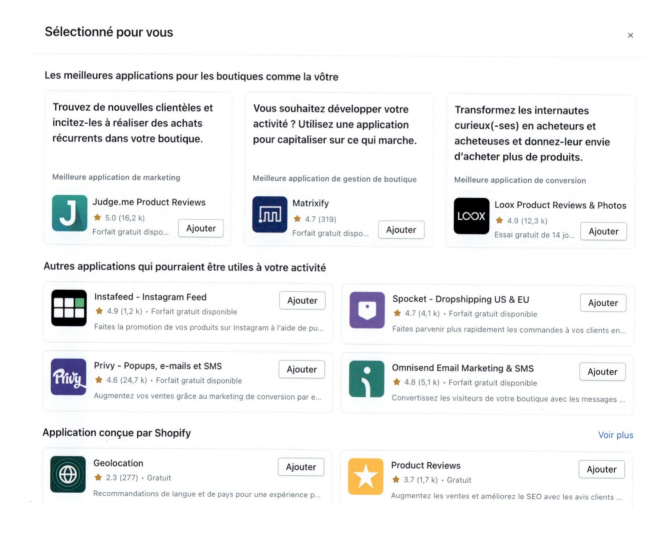

Revue de quelques applications populaires et utiles

Il existe une multitude d'applications Shopify, mais pour vous aider à démarrer, voici quelques-unes des applications les plus populaires et utiles.

Spocket : Spocket est une application de premier plan qui facilite le dropshipping. En tant que plateforme de dropshipping, Spocket vous permet de choisir parmi une multitude de produits venant de fournisseurs basés en Europe et aux États-Unis. L'application facilite l'ajout de ces produits à votre boutique Shopify. Les produits que vous sélectionnez sont tous de haute qualité, vous pouvez donc être assuré de la satisfaction de vos clients. L'avantage majeur de Spocket par rapport à d'autres applications de dropshipping réside dans sa gestion automatisée des commandes, ce qui vous permet de gagner un temps précieux pour vous concentrer sur la croissance de votre entreprise.

Klaviyo : Si vous voulez vous lancer dans le marketing par e-mail, Klaviyo est une excellente option. Cette application vous permet de créer des e-mails automatisés, de segmenter vos clients, et de suivre vos résultats.

SEO Booster : Si vous voulez améliorer votre SEO, SEO Booster peut vous aider. Cette application analyse votre site, identifie les problèmes de SEO, et vous donne des recommandations pour les améliorer.

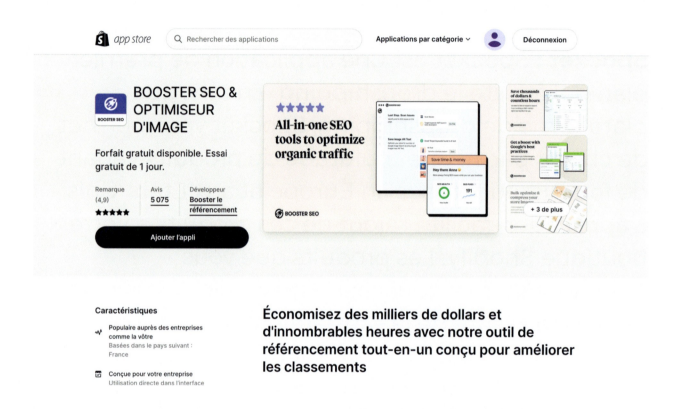

Voilà, vous avez maintenant une idée de ce que sont les applications Shopify et de la façon dont elles peuvent aider votre boutique. Alors, à vous de jouer ! Explorez le Shopify App Store et voyez quelles applications pourraient aider votre boutique à atteindre de nouveaux sommets.

CHAPITRE 8

MISE EN PLACE DES PROCESSUS DE PAIEMENT ET D'EXPÉDITION

LE GUIDE SHOPIFY

Bienvenue dans un nouveau chapitre où l'on va parler d'argent et de logistique. Et oui, vous avez bien lu. Nous allons parler de comment vous allez recevoir les paiements de vos clients et comment vous allez gérer l'expédition de vos produits. C'est peut-être un peu moins sexy que de choisir des thèmes ou d'installer des applications, mais c'est tout aussi important. Parce qu'au final, c'est de ça dont il s'agit : vendre des produits et les faire parvenir à vos clients.

Configuration des passerelles de paiement

Une passerelle de paiement est le service qui traite les paiements par carte de crédit et autres formes de paiements en ligne pour les entreprises de commerce électronique. En d'autres termes, c'est l'intermédiaire qui prend l'argent de la carte de crédit de votre client et le met dans votre compte bancaire. Vous voyez, rien de très compliqué ! Shopify est compatible avec de nombreuses passerelles de paiement, ce qui vous laisse le choix de celle qui convient le mieux à vos besoins. Il existe des options pour à peu près tous les pays, et vous pouvez même accepter plusieurs types de paiement si vous le souhaitez. De plus, Shopify propose son propre système de paiement, Shopify Payments, qui est très pratique à utiliser.

Pour configurer une passerelle de paiement, il vous suffit de vous rendre dans la section "Paramètres" de votre compte Shopify, puis de choisir "Fournisseurs de paiement". Vous pourrez alors choisir votre passerelle de paiement et remplir les informations nécessaires.

Configuration des options d'expédition

Une fois que vous avez réglé la question du paiement, il est temps de vous pencher sur la logistique. Et pour une boutique en ligne, la logistique, c'est avant tout l'expédition.
Sur Shopify, vous pouvez configurer différentes options d'expédition en fonction du poids, du prix, de la destination, etc. Vous pouvez par exemple proposer une livraison standard, une livraison express, une livraison gratuite à partir d'un certain montant d'achat, etc. Vous pouvez également choisir de travailler avec plusieurs transporteurs et de proposer différentes options de livraison à vos clients.

Pour configurer vos options d'expédition, allez dans la section "Paramètres" de votre compte Shopify, puis choisissez "Expédition et livraison". Vous pourrez alors ajouter vos différentes options d'expédition et définir leurs conditions.

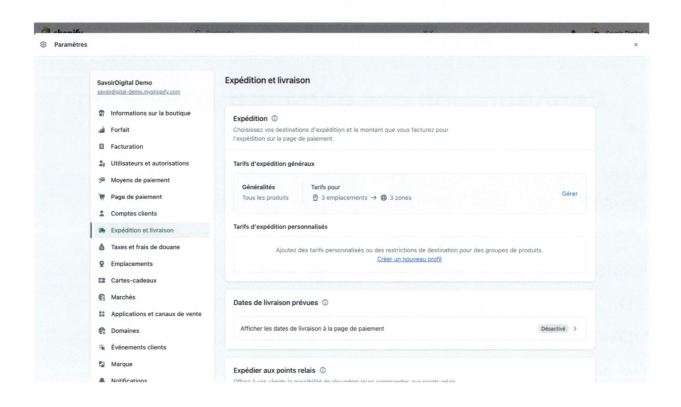

Et voilà ! Avec ces réglages, vous êtes prêt à recevoir des paiements et à expédier des produits. Vous voyez, ce n'était pas si compliqué, n'est-ce pas ? Alors, prêt à passer à la suite ? On se retrouve au prochain chapitre pour parler de gestion des ventes et du service client. À tout de suite !

CHAPITRE 9

GESTION DES VENTES ET DU SERVICE CLIENT

LE GUIDE SHOPIFY

vous avez parcouru un sacré chemin, vous ne trouvez pas ? Vous avez construit votre boutique, configuré vos méthodes de paiement et d'expédition, et peut-être même fait vos premières ventes. Félicitations !

Mais maintenant que vous êtes en plein dans le vif du sujet, vous vous rendez compte qu'il y a un autre aspect de la gestion de votre boutique en ligne dont vous devez vous occuper : la gestion des ventes et du service client.

Gestion des commandes

Une fois que vous commencez à recevoir des commandes, vous devez avoir un système en place pour les gérer efficacement. Heureusement, Shopify rend cela très facile. Dans votre tableau de bord Shopify, vous pouvez voir toutes vos commandes, leurs statuts, et même les détails de chaque commande. Vous pouvez également marquer les commandes comme étant remplies lorsque vous les avez expédiées, ce qui vous permet de suivre facilement les commandes en attente.

Gestion du service client et des retours

Le service client est une partie cruciale de toute entreprise, et encore plus dans le e-commerce. Vos clients ne peuvent pas simplement se rendre en magasin pour poser une question ou résoudre un problème. C'est pourquoi il est essentiel d'avoir un bon système de service client en place.

Vous pouvez utiliser les outils intégrés de Shopify pour gérer le service client, ou vous pouvez choisir d'utiliser une application tierce. Quoi qu'il en soit, vous devez être en mesure de répondre rapidement aux questions et aux problèmes de vos clients, et vous devez avoir une politique claire pour les retours et les remboursements.

Une bonne pratique consiste à avoir une FAQ (Foire Aux Questions) sur votre site où vous répondez aux questions les plus courantes. Vous pouvez également envisager d'avoir un chat en direct sur votre site, ce qui peut vraiment aider à augmenter les conversions et à résoudre rapidement les problèmes des clients.

Maintenir une bonne relation avec vos clients

Finalement, le service client ne se limite pas à résoudre les problèmes. Il s'agit aussi de construire une bonne relation avec vos clients. N'oubliez pas que vos clients sont les personnes qui font vivre votre entreprise. Traitez-les bien, et ils reviendront. Par exemple, vous pourriez envoyer des emails de suivi après l'achat pour vous assurer que tout s'est bien passé et pour remercier vos clients de leur achat. Vous pourriez également offrir des réductions ou des cadeaux spéciaux à vos clients fidèles. Il y a tant de façons de montrer à vos clients que vous les appréciez !

Voilà, c'est tout pour ce chapitre. Nous avons couvert pas mal de choses, n'est-ce pas ? Mais ne vous inquiétez pas, vous êtes bien armé pour gérer vos ventes et votre service client. Alors, prêt pour le prochain chapitre ? On se retrouve tout de suite pour parler de marketing et de publicité pour votre boutique Shopify.

MARKETING ET PUBLICITÉ POUR VOTRE BOUTIQUE SHOPIFY

LE GUIDE SHOPIFY

Nous sommes maintenant arrivés à un chapitre crucial de notre guide : le marketing et la publicité pour votre boutique Shopify. Avoir une boutique en ligne élégante et fonctionnelle, c'est bien beau. Mais si personne ne la visite, vous n'aurez pas de ventes. C'est là que le marketing et la publicité entrent en jeu.

Introduction au marketing digital

Alors, qu'est-ce que le marketing digital ? Eh bien, en gros, il s'agit de toutes les stratégies que vous utilisez pour faire connaître votre boutique en ligne et attirer des clients. Cela inclut le référencement (SEO), que nous avons déjà abordé dans un chapitre précédent, mais aussi d'autres techniques comme le marketing par e-mail, les médias sociaux, le marketing de contenu, et plus encore.

Une stratégie de marketing digital efficace est essentielle pour le succès de votre boutique en ligne. Mais n'ayez crainte ! Nous allons vous guider pas à pas à travers les bases du marketing digital pour votre boutique Shopify.

Utilisation des réseaux sociaux et du marketing par e-mail

Les réseaux sociaux sont un outil incroyablement puissant pour le marketing en ligne. Avec des milliards de personnes qui utilisent des plateformes comme Facebook, Instagram, Twitter et Pinterest chaque jour, vous avez une opportunité unique de toucher un public immense.

Vous pouvez utiliser les réseaux sociaux pour partager du contenu intéressant, promouvoir vos produits, et même interagir directement avec vos clients. De plus, beaucoup de ces plateformes offrent des options de publicité payante qui peuvent vous aider à cibler encore plus précisément votre public.

Le marketing par e-mail est une autre stratégie très efficace. En construisant une liste d'e-mails de personnes intéressées par vos produits, vous pouvez envoyer régulièrement des mises à jour, des offres spéciales et du contenu intéressant directement dans leur boîte de réception. C'est une excellente façon de maintenir une relation avec vos clients et de les encourager à revenir sur votre site.

Utilisation de Google Ads et Facebook Ads

Enfin, n'oublions pas la publicité payante. Des plateformes comme Google Ads et Facebook Ads vous permettent de créer des annonces spécifiques pour promouvoir vos produits ou votre boutique. L'avantage de ces plateformes est qu'elles vous permettent de cibler très précisément votre public, en fonction de critères comme l'âge, le sexe, la localisation, les intérêts, et plus encore.

Cela dit, la publicité payante peut être un peu complexe à gérer, et il est facile de dépenser beaucoup d'argent sans obtenir les résultats escomptés. C'est pourquoi il peut être utile de faire appel à un professionnel ou de suivre une formation pour vous aider à démarrer.

Voilà, c'est tout pour ce chapitre ! Vous êtes maintenant prêt à faire connaître votre boutique Shopify au monde entier. Alors, prêt pour le prochain chapitre ? On se retrouve tout de suite pour parler d'analyse et d'optimisation de la performance de votre boutique.

CHAPITRE 11

ANALYSE ET OPTIMISATION DE LA PERFORMANCE DE VOTRE BOUTIQUE

LE GUIDE SHOPIFY

Maintenant, il est temps d'aborder un aspect absolument crucial de la gestion d'une boutique en ligne : l'analyse et l'optimisation de la performance. Parce que, soyons honnêtes, qui ne veut pas d'une boutique en ligne qui cartonne ? C'est parti !

Utilisation de Shopify Analytics

Votre boutique Shopify est équipée d'un ensemble d'outils d'analyse intégrés, connus sous le nom de Shopify Analytics. Ceux-ci vous fournissent une mine d'informations sur vos ventes, vos visiteurs, et bien plus encore.

Pour accéder à Shopify Analytics, connectez-vous à votre compte Shopify, cliquez sur "Analytics" dans le menu de gauche, et vous verrez une foule de statistiques et de graphiques intéressants. Vous pouvez voir combien de visiteurs vous avez eu pendant une période donnée, quels produits se vendent le mieux, d'où viennent vos visiteurs, et bien d'autres choses encore.

Mais alors, comment utiliser toutes ces informations ? Eh bien, l'objectif est de chercher des tendances et des modèles qui peuvent vous aider à comprendre ce qui fonctionne bien dans votre boutique, et ce qui pourrait avoir besoin d'être amélioré. Par exemple, si vous constatez qu'un produit particulier se vend très bien, vous pourriez envisager de le mettre en avant sur votre page d'accueil, ou de créer une campagne de marketing autour de lui.

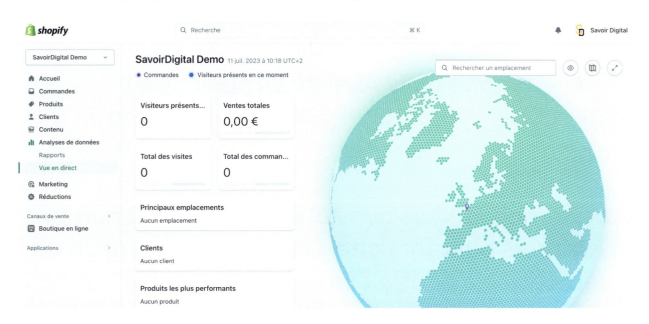

Comprendre et utiliser Google Analytics

En plus des outils intégrés de Shopify, vous pouvez également utiliser Google Analytics pour analyser la performance de votre boutique. Google Analytics est un outil d'analyse web gratuit et très puissant qui vous donne encore plus d'informations sur les visiteurs de votre site.

Pour commencer à utiliser Google Analytics avec Shopify, vous devrez d'abord créer un compte Google Analytics, puis ajouter le code de suivi à votre boutique Shopify.

Une fois que c'est fait, vous pourrez voir des informations détaillées sur les comportements de vos visiteurs, y compris quelles pages ils visitent, combien de temps ils passent sur votre site, quelles sont leurs sources de trafic, et bien plus encore.

Comme pour Shopify Analytics, l'objectif est d'utiliser ces informations pour optimiser votre boutique et améliorer l'expérience de vos clients.

Par exemple, si vous constatez qu'un grand nombre de visiteurs quittent votre site à partir de la page de paiement, cela pourrait indiquer un problème avec votre processus de paiement qui mérite d'être investigué.

Suggestions pour l'optimisation

Maintenant que vous disposez de tous ces outils d'analyse, que pouvez-vous faire pour optimiser réellement votre boutique ? Eh bien, il y a toute une série de choses que vous pourriez envisager.
Par exemple, vous pourriez :

- Améliorer la navigation de votre site pour la rendre plus intuitive.
- Optimiser vos images pour qu'elles se chargent plus rapidement.
- Ajouter des descriptions de produits plus détaillées ou des photos de meilleure qualité.
- Tester différents appels à l'action pour voir lesquels convertissent le mieux.
- Expérimenter avec différentes stratégies de marketing et de promotion pour attirer plus de visiteurs.

L'optimisation de la boutique en ligne est un processus continu. C'est une affaire d'expérimentation, de test et d'apprentissage. Alors n'ayez pas peur de prendre des risques et d'essayer de nouvelles choses. Après tout, c'est votre boutique, et vous êtes le patron !

Et voilà ! Nous avons couvert beaucoup de terrain dans ce chapitre, et je suis sûr que vous êtes prêt à plonger dans le monde passionnant de l'analyse et de l'optimisation de la performance. Alors, préparez-vous, parce que dans le prochain chapitre, nous allons examiner de près quelques études de cas de réussite avec Shopify. On se retrouve à la page suivante

CHAPITRE 12

CAS D'ÉTUDE - RÉUSSITE AVEC SHOPIFY

LE GUIDE SHOPIFY

Vous êtes toujours avec moi ? Parce qu'on entre dans une partie vraiment intéressante maintenant. Il est temps de parler de succès. Des histoires réelles de personnes qui ont démarré avec rien d'autre qu'une idée et qui ont créé de véritables empires du e-commerce grâce à Shopify. Accrochez-vous, parce que ça va être passionnant.

Étude de cas 1 : Gymshark - De la vente de suppléments à un géant de la mode fitness

Si vous êtes dans le monde du fitness, vous avez probablement entendu parler de Gymshark. Cette marque de vêtements de fitness basée au Royaume-Uni est devenue un phénomène mondial, avec des millions de followers sur les médias sociaux et un chiffre d'affaires annuel de plusieurs centaines de millions de dollars. Mais ce qui est vraiment incroyable, c'est que tout cela a commencé avec un étudiant de 19 ans qui vendait des suppléments de musculation depuis sa chambre.

Ben Francis, le fondateur de Gymshark, a commencé à vendre des suppléments de fitness en 2012. Lorsqu'il a réalisé qu'il y avait une demande pour des vêtements de fitness de haute qualité et bien conçus, il a commencé à fabriquer des vêtements dans la pièce supplémentaire de la maison de ses parents. Il a choisi Shopify pour créer son magasin en ligne, et le reste, comme on dit, appartient à l'histoire.

Ce qui est remarquable dans l'histoire de Gymshark, c'est la rapidité avec laquelle la marque a grandi. En moins de deux ans, Gymshark est passé de la chambre de la maison des parents de Ben à un entrepôt de plusieurs milliers de mètres carrés. Aujourd'hui, la marque est l'une des plus grandes dans le monde du fitness, avec des clients dans plus de 130 pays.

Donc, quelle est la clé du succès de Gymshark ? Pour Ben, il s'agit de deux choses : un produit de qualité et une stratégie de marketing efficace. Gymshark a réussi à se faire connaître en travaillant avec des influenceurs fitness sur les médias sociaux, en sponsorisant des athlètes et en organisant des événements de fitness. Mais au-delà du marketing, Gymshark s'est engagé à fournir des vêtements de fitness de haute qualité qui sont à la fois élégants et fonctionnels.

C'est un exemple éloquent de la manière dont une idée simple peut se transformer en une entreprise prospère grâce à Shopify.

Étude de cas 2 : Allbirds - Rendre la mode durable

Quand on parle de mode, on pense rarement à la durabilité. Mais Allbirds, une marque de chaussures basée en Nouvelle-Zélande, a réussi à réunir ces deux éléments d'une manière impressionnante. Fondée par Tim Brown, un ancien joueur de football professionnel, et Joey Zwillinger, un ingénieur industriel, Allbirds est devenue une marque mondiale grâce à son engagement envers la création de produits durables et confortables. Les deux fondateurs ont commencé par une campagne Kickstarter en 2014 pour financer la production de leurs premières chaussures, faites de laine mérinos durable. Leur campagne a été un succès retentissant, et ils ont rapidement réalisé qu'ils allaient avoir besoin d'une solution plus robuste pour vendre leurs produits en ligne. C'est là qu'ils ont choisi Shopify.

En utilisant Shopify, Allbirds a été en mesure de gérer son expansion rapide sans heurts. Ils ont pu intégrer leur boutique en ligne avec leur système de gestion des stocks, mettre en place des campagnes de marketing par e-mail, et analyser les données des clients pour améliorer leurs produits et leur marketing.

L'histoire d'Allbirds est un excellent exemple de la façon dont une entreprise peut utiliser Shopify pour grandir rapidement tout en restant fidèle à ses valeurs. En se concentrant sur la qualité, la durabilité et le confort, Allbirds a réussi à se démarquer dans un marché saturé et à construire une marque forte.

C'est incroyable de voir à quel point ces entreprises ont pu prospérer grâce à Shopify, n'est-ce pas ?

Ces histoires de réussite ne sont que deux exemples parmi des milliers. La vérité est que Shopify offre à chacun la possibilité de créer sa propre réussite. Il suffit d'avoir une idée et la volonté de la réaliser. Dans le prochain chapitre, nous allons parler de l'avenir et de ce à quoi vous pouvez vous attendre lorsque vous dirigez une boutique Shopify. Préparez-vous, car le meilleur est à venir !

CHAPITRE 13

PERSPECTIVES D'AVENIR POUR VOTRE BOUTIQUE SHOPIFY

LE GUIDE SHOPIFY

Nous sommes arrivés au dernier chapitre de ce voyage passionnant. Et quel meilleur moyen de terminer que de jeter un coup d'œil à l'avenir ? On ne va pas se mentir, le e-commerce est une aventure en constante évolution. Ce qui fonctionne aujourd'hui peut ne pas fonctionner demain. De nouvelles tendances émergent constamment, de nouvelles technologies transforment la façon dont nous faisons du shopping, de nouvelles réglementations obligent les entreprises à s'adapter... C'est ce qui rend le e-commerce si passionnant, mais aussi si exigeant.

Maintenir l'élan

Vous avez mis en place votre boutique Shopify, optimisé votre SEO, installé des applications, créé des campagnes marketing... Et maintenant ? Comment maintenez-vous l'élan ? Comment continuez-vous à grandir et à prospérer dans ce monde en constante évolution ?

Eh bien, la première chose à faire est de rester informé. Le monde du e-commerce change rapidement, et il est essentiel de rester à jour sur les dernières tendances, technologies et réglementations. Il existe de nombreuses ressources en ligne, y compris des blogs, des webinaires, des podcasts et des forums, où vous pouvez apprendre des experts du secteur et partager vos propres expériences.

La deuxième chose à faire est de rester à l'écoute de vos clients. Après tout, ils sont la raison pour laquelle vous êtes en affaires. Utilisez les outils d'analyse pour comprendre ce qui fonctionne et ce qui ne fonctionne pas. Faites des enquêtes pour savoir ce que vos clients aiment et ce qu'ils n'aiment pas. Et surtout, écoutez leurs commentaires et réagissez de manière appropriée.

Explorer des options de croissance

Alors, comment pouvez-vous faire évoluer votre entreprise ? Quelles sont vos options ?
L'une des options les plus courantes est l'expansion internationale. Avec Shopify, il est facile de vendre à l'étranger. Vous pouvez configurer différentes devises, traduire votre contenu et configurer des options d'expédition internationale. Bien sûr, l'expansion internationale comporte ses propres défis, comme la conformité à la réglementation locale, la gestion des taxes et droits, et la fourniture d'un support client dans différentes langues. Mais avec une bonne planification et des outils appropriés, vous pouvez conquérir de nouveaux marchés et atteindre des clients du monde entier. Une autre option est d'explorer de nouveaux canaux de vente. En plus de votre boutique en ligne, vous pouvez vendre sur des marketplaces comme Amazon et eBay, sur des plateformes de médias sociaux comme Facebook et Instagram, et même en personne avec Shopify POS. Chaque canal a ses propres avantages et inconvénients, et ce qui fonctionne pour une entreprise peut ne pas fonctionner pour une autre. L'important est d'expérimenter, d'analyser les résultats et d'ajuster votre stratégie en conséquence.

FIN
CONCLUSION

LE E-COMMERCE, UNE AVENTURE EN CONSTANTE ÉVOLUTION

LE GUIDE SHOPIFY

Nous voilà arrivés au terme de ce guide. Vous avez parcouru un chemin étonnant à travers les différents aspects de la création, de la gestion et de la croissance d'une boutique Shopify. Ce voyage nous a permis de découvrir ensemble des notions fondamentales, des outils utiles, et de partager des expériences qui, je l'espère, vous aideront à bâtir une entreprise de e-commerce prospère et dynamique. Cependant, je tiens à insister sur un point essentiel : le e-commerce est une aventure en constante évolution. Il ne suffit pas d'apprendre les bases une fois pour toutes et de les appliquer sans jamais changer. Le monde du e-commerce change à une vitesse incroyable, et pour rester compétitif, il est impératif d'évoluer avec lui.

Cela signifie qu'il est nécessaire de rester à jour en permanence, de continuer à apprendre, à tester de nouvelles stratégies, à expérimenter de nouveaux outils. La curiosité, l'ouverture d'esprit et la capacité d'adaptation seront vos meilleures alliées dans cette aventure. Ne considérez jamais votre connaissance actuelle comme définitive, mais comme le point de départ d'une exploration sans fin.

N'oubliez jamais non plus l'importance de vos clients. Le e-commerce est avant tout une affaire de relations humaines. Vos clients ne sont pas seulement des numéros dans une base de données, mais des individus avec des besoins, des désirs, des attentes.

Écoutez-les, comprenez-les, appréciez-les. Le succès de votre entreprise dépend de votre capacité à créer des relations durables et significatives avec vos clients.

Et enfin, rappelez-vous de toujours vous amuser. Oui, le e-commerce est un travail sérieux, et il peut parfois être stressant et exigeant. Mais c'est aussi une aventure passionnante, pleine de défis et de récompenses. Ne perdez jamais de vue votre passion pour ce que vous faites. Si vous aimez votre travail, vos clients le sentiront et seront plus enclins à vous faire confiance et à soutenir votre entreprise. Alors voilà, chers amis e-commerçants, la fin de notre aventure pour l'instant. J'espère que vous avez trouvé ce guide utile, instructif, et peut-être même inspirant. J'espère qu'il vous aidera à créer la boutique Shopify de vos rêves, à atteindre vos objectifs et à prospérer dans le monde passionnant du e-commerce.

Je suis sûr que vous êtes prêt à relever le défi et à créer votre propre succès dans le monde du e-commerce. Et je suis impatient de voir ce que vous allez accomplir, n'hésitez pas à m'envoyer par mail vos réalisations. Quentin.huaume@savoirdigital.fr

Merci d'avoir partagé ce voyage avec moi. Bonne chance et à très bientôt pour de nouvelles aventures !

--- Fin ---

LE MOT DE LA FIN

En somme, le e-commerce est un investissement stratégique pour votre entreprise et choisir la bonne plateforme e-commerce, comme Shopify, est essentiel pour assurer votre réussite en ligne. Bonne chance dans votre aventure digitale et n'oubliez pas que le e-commerce est une opportunité unique pour atteindre, engager et fidéliser votre clientèle dans le monde entier. Continuez à apprendre, à expérimenter et à innover, et vous verrez votre entreprise prospérer.

Je reste à votre disposition pour toute demande. Vous pouvez me contacter à partir de la page "contact" de mon site internet : savoirdigital.fr

A bientôt !

quentin.huaume@savoirdigital.fr
https://savoirdigital.fr
06 30 90 57 66

Printed in France by Amazon
Brétigny-sur-Orge, FR

13770951R00054